LA QUERELLE
DES
BOUFFONS

La Bibliothèque de J.-J. Rousseau
Un Recueil de pièces sur la querelle des Bouffons formé
et annoté par J.-J. Rousseau
La Mort du *Petit prophète de Boehmischbroda*
de Grimm
Un pamphlet attribué au baron d'Holbach
restitué à Diderot

PARIS
CHEZ J. BAUR, ÉDITEUR
11, RUE DES SAINTS-PÈRES, 11

1876

LA QUERELLE

DES BOUFFONS

MISE EN VENTE

*100 Exemplaires sur papier vergé
et 6 sur chine*

LA QUERELLE

DES

BOUFFONS

La Bibliothèque de J.-J. Rousseau
Un Recueil de pièces sur la Querelle des Bouffons formé
et annoté par J.-J. Rousseau
La Clef du *Petit prophète de Boehmischbroda*
de Grimm
Un Pamphlet attribué au baron d'Holbach
restitué à Diderot

A. J. J. Rousseau

PARIS
CHEZ J. BAUR, ÉDITEUR
11, RUE DES SAINTS-PÈRES, 11
—
1876

La Bibliothèque de J.-J. Rousseau. — Un Recueil de pièces sur la Querelle des Bouffons, formé et annoté par J.-J. Rousseau. — La Clef du Petit prophète de Boehmischbroda, *de Grimm. — Un Pamphlet attribué au baron d'Holbach restitué à Diderot.*

———

Excepté dans les onze dernières années de sa vie, Jean-Jacques Rousseau eut toujours des livres en assez grand nombre; on le constate en parcourant sa correspondance. En 1765, il s'en trouvait, à Motiers, encombré non moins que dégoûté, et proposait à son éditeur, Marc-Michel Rey, d'Amsterdam, de se charger « de ce fardeau-là (1). »

Deux ans plus tard, Du Peyrou lui expédiait,

contre son gré, de Suisse en Angleterre, « tout ce fatras, » qui l'eût encore plus gêné à Wootton qu'à Motiers, et il le mettait en dépôt chez M. Davenport, en attendant un acquéreur, car il avait « renoncé, pour sa vie, à tous les livres. »

Cet acquéreur ne tarda pas à se présenter et ne fut rien moins que le philologue et philosophe Louis Dutens, le futur éditeur des œuvres complètes de Leibnitz. Au prix d'une rente viagère de 300 livres, qui devait s'éteindre à la mort du prémourant, Dutens entra en possession de la bibliothèque de Rousseau, réserve faite des ouvrages de botanique. C'était environ mille volumes, portant en tête, la plupart, le nom de leur ancien propriétaire, parmi lesquels, de son aveu, il s'en trouvait tout au plus une centaine « bons et bien conditionnés; » le surplus se composait d'acquisitions faites « magnifiquement » sur le quai.

Parmi les ouvrages importants, Rousseau nomme l'*Encyclopédie*, l'*Historia florentina* et les *Discours sur Tite-Live*, de Machiavel, et Sigonius, *de Legibus romanis*. Mais Dutens se décida à l'acquisition, « principalement » pour un exemplaire du livre *de l'Esprit*, d'Helvétius, avec des remarques « de la propre main de Rousseau, » que celui-ci ne laissa pas de faire valoir. Il consentit à le comprendre dans sa vente, à la condition formelle que, lui vivant, Dutens ne s'en dessaisirait ni ne le communiquerait, et n'en publierait pas les notes. Et, en effet, l'honnête ministre n'a fait connaître cette réfutation qu'après la mort du citoyen de Genève (2).

En 1769, Rousseau n'avait plus que des livres de botanique, il s'en fatiguait, et écrivait à Du Peyrou qu'il désirait se défaire de cette « collection considérable. » Nous ne savons s'il put, en effet, s'en débarrasser.

La cession faite par Rousseau, en pays étranger, de la totalité, ou à peu près, des livres de littérature, d'histoire et de philosophie qu'il avait réunis jusqu'à l'âge de cinquante-cinq ans, explique assez que rien ne soit plus rare que de rencontrer en France un volume provenant de sa bibliothèque et recommandé par sa signature.

Une bonne fortune de cette espèce fait époque dans la vie d'un bibliophile français ; elle est de celles dont il ne saurait se taire et qui lui rendent l'épanchement nécessaire et confiant.

Lorsque M. Tenant de Latour trouva l'*Imitation de Jésus-Christ* de Rousseau, avec son nom écrit au frontispice, à l'encre rouge, soulignée dans une grande partie du texte des trois premiers livres, avec un demi-verset traduit, et par-

semée de plantes desséchées, parmi lesquelles se
remarquait une pervenche, son bonheur déborda
non-seulement sur les curieux, ses confrères,
mais sur tout le public lettré. Il y eut article dans
la *Revue de Paris*, sous forme de lettre à une
comtesse, et pour les races futures, les *Mémoires
d'un bibliophile* l'ont recueilli (3).

A de longues années de là, M. Auguste Decaïeu,
pour un événement du même genre, a triomphé
avec plus de réserve; ce n'était, au vrai, qu'un
traité de trigonométrie, livre moins lançant pour
l'imagination qu'une *Imitation de Jésus-Christ*,
à pervenche, mais ce traité avait son prix : non
content d'y mettre sa signature, Rousseau, avec
une application et une patience qui dénotent
une habitude de métier et sentent leur copiste,
s'était imposé de corriger, tout le long du texte,
les deux cent soixante fautes signalées dans
l'Errata (4).

A ces deux reliques justement célébrées, qu'on
ajoute un exemplaire du *Dictionnaire de musique*
de J.-J. Rousseau, de l'édition in-4° de Paris,
1768, sur le titre duquel se lit la signature de
l'auteur, donné par lui à M. de Girardin en juin
1778, appartenant aujourd'hui à M. J. Chante-
pie (5), ce sera, en tout et pour tout, trois volumes de la bibliothèque de Rousseau, authenti-

qués par des signatures et des notes, signalés, entre 1830 et 1875, dans les cabinets de bibliophiles français.

Un hasard heureux nous permet d'ajouter un numéro à cette liste si brève. On comptera désormais, de ce côté-ci de la Manche, au moins quatre livres de cette provenance illustre, et nous nous faisons illusion, ou le dernier rencontré ne passera pas pour le pire, bien que l'*Imitation de Jésus-Christ de J.-J. Rousseau* reste un énoncé à faire rêver les âmes tendres.

La découverte s'est faite sur le quai, comme il convenait, lieu désolé et vide en tout temps pour les fureteurs de curiosités à la mode, et où ne se glanerait pas, certes, aujourd'hui, le moindre livre à vignettes du xviiie siècle, mais plein de surprises et d'enchantements pour les indisciplinés de la bibliophilie, qui ne se piquent guère de conformité.

Nous revenions de la Bibliothèque nationale ; cinq heures allaient sonner à l'Institut ; à cette heure-là, l'arrière-garde des habitués du quai a donné, et rien qui vaille n'a pu échapper à tant d'yeux furtifs et de doigts fourmillants ; pourtant, en descendant l'escalier du pont des Arts, comme une sorte d'hommage et de tribut à un étalage souvent renouvelé, presque involontairement, nous mîmes la main sur un veau marron d'assez bonne mine, portant au dos : *Lettre sur la musique*. Nous l'avions ouvert sans empressement, nous le refermâmes vite : la signature de J.-J. Rousseau, ou plutôt son *ex-libris* autographe, de sa belle écriture ronde, en plein titre, venait de nous causer un léger éblouissement; nous tenions, en édition originale, *son* exemplaire de sa *Lettre sur la musique françoise*. Sans y regarder davantage nous le mîmes sous le bras, en le serrant doucement, et le payâmes, en ajoutant au prix une honnête bénédiction mentale au *boîtier* qui cotait la signature d'un homme si célèbre à un taux quasi de petit pâté.

Chemin faisant, nous ne nous tînmes pas de l'ouvrir à diverses reprises : il y avait là une réunion de pièces, la *Lettre* était suivie de plusieurs autres écrits.

Pour tout dire, c'était le recueil formé par J.-J. Rousseau, et annoté par lui, des témoignages de sa fraternité d'armes avec Grimm et Diderot dans la Querelle des Bouffons; la collection des pamphlets de ces champions du *Coin de la Reine*, faite par le plus éprouvé des trois. De sa main la plus ferme, Rousseau, sur le titre de chaque écrit anonyme, avait calligraphié le nom de son auteur, et en marge du *Petit prophète de*

Boehmischbroda, il avait pris soin d'en expliquer toutes les allusions, d'en donner la Clef, par le menu.

Mais voici le dépouillement régulier des pièces, avec des commentaires obligés :

1. Lettre sur la musique françoise, par J.-J. Rousseau. *Sunt verba et voces, prætereaque nihil.* S. n. d. l. ni d'imp., 1753, in-8, IV-92 p. (6).

L'*ex-libris* autographe de Rousseau se lit sur le titre : A. J. J. Rousseau (voir le fac-simile), et à la page 84, dans le paragraphe qui commence par : « Autre silence... », le membre de phrase : « le changement prodigieux qui se fait dans l'âme et le discours d'Armide, » est biffé et remplacé par celui-ci : *le trouble dont Armide se plaint et l'incertitude qui vient déranger sa résolution.*

Cette correction projetée n'a été faite dans aucune des éditions en brochures ou collectives de la *Lettre* que nous ayons pu voir.

2. Le Petit prophète de Boehmischbroda. S. n. d. l. ni d'imp., s. d.; in-8, 58 p., avec un front. à l'eau-forte, au bas duquel se lit : « La véritable effigie du Petit prophète de Boehmischbroda. »

Dans ses *Confessions*, Rousseau dit qu'on s'obstina longtemps, malgré lui, à lui attribuer *le Petit prophète*, et que cet écrit et la *Lettre sur la musique françoise* ont seuls survécu à la Querelle des Bouffons. Malgré sa rupture avec Grimm, il garda pour ce pastiche du style des prophéties, qui sans doute surprit et plut par la nouveauté, une tendresse quasi-paternelle, et le laissa figurer, en faisant déclarer qu'il n'en était pas l'auteur, dans l'édition de ses Œuvres de 1764, in-8°, confiée aux soins de l'abbé de La Porte pour l'arrangement et la correction.

Il a écrit sur le titre : *Par M. Grimm*, et sur les marges, treize notes explicatives. En les transcrivant, nous devons supposer que le lecteur a sous les yeux l'une des éditions partielles de ce pamphlet (nous en connaissons trois du temps), ou la réimpression dans les Œuvres de Rousseau, de 1764, t. II, ou enfin celle de M. Taschereau, dans son édition de la Correspondance de Grimm, t. XV.

En face du titre du chapitre IV, *Le Bûcheron*, Rousseau a écrit : *Rebel*.

Chapitre v, en marge du paragraphe qui commence par : « Et sa voix affectoit... », *Jéliotte*; et en marge de celui dont les premiers mots sont : « Et je vis arriver sa bergère... », Mlle *Fel*.

Chapitre VI, paragraphe deux « Et je vis arriver une femme... », Mlle *Chevalier*, paragraphe neuf : « Et il arriva un vieillard... ». *Chassé*.

Chapitre VII, en marge du paragraphe un : « Et je vis un homme... », *Dupré*.

Chapitre X, au titre de ce chapitre, qui est *Le Coin*, Rousseau a fait ce renvoi au bas de la page : *Diderot, D'Alembert, Grimm et Rousseau en étoient les tenans.*

Chapitre XV, en marge du paragraphe quatre : « Et j'ai formé... ». *Rameau*.

Chapitre XVIII, au paragraphe cinquième : « Et je mettrai des Bourbons... », *Mad° la Duchesse d'Orléans et M. le comte de Clermont*.

Chapitre XXI, paragraphe trois, en renvoi au

titre : « le Carnaval du Parnasse... », *opéra de Mondonville*, et à celui de « Zoroastre », *opéra de Rameau*. Et paragraphe dix, en marge des noms : « tes Dumesnils et tes Dangevilles, tes Grandvals, tes Sarrazins et tes Armands... », *acteurs et actrices de la Comédie françoise ;* et des noms : « l'Ecluses et Ratons... », *acteur et actrice de l'Opéra comique*.

3. Les Trois chapitres, ou la Vision de la nuit du mardi-gras au mercredi des Cendres. S. n. d. l. ni d'imp., s. d., in-8°, 36 p.

Rousseau a écrit sur le titre : *par M. Diderot*, et au bas de la page 9, en renvoi à la phrase : « La sainteté du pacte a été foulée aux pieds... », *On chassa les Bouffons de l'Opéra et même de la France sans les payer ni tenir l'engagement qu'on avoit pris avec eux.*

On n'ignorait pas que ce pamphlet avait Diderot pour auteur; M. Taschereau l'a réimprimé dans sa première *Revue rétrospective*, t. VI.

4. Arrêt rendu à l'amphithéâtre de l'Opéra, sur la plainte du milieu du parterre, intervenant dans la querelle des deux coins. S. n. d. l. ni d'imp., s. d., in-8, 16 p.

Rousseau a écrit, entre la dernière ligne du titre et la première du texte : *Par M. Diderot*, et celui-ci a fait dans la brochure deux corrections de sa main : page 9, avant-dernière ligne, entre les mots « bonhomme » et « qui », il a ajouté : *par un accompagnement* ; p. 14, ligne 14, il a remplacé le mot « représentations » par celui de *répétitions*.

Ce pamphlet avait été jusqu'à présent attribué au baron d'Holbach ; M. Adolphe Jullien, dans son travail sur *la Musique et les philosophes au dix-huitième siècle*, l'a, encore récemment, analysé comme étant, sans conteste, sorti de la plume de l'auteur du *Système de la nature* (7).

Il serait difficile aujourd'hui, sinon impossible, de remonter à l'origine de cette attribution, et de savoir sur quelle autorité, Barbier, dans son *Dictionnaire des anonymes et des pseudonymes*, s'est fondé pour attribuer à d'Holbach l'*Arrêt rendu à l'amphithéâtre* (8) ; mais, si considérable qu'on la puisse supposer, elle balancerait difficilement l'affirmation de Rousseau, qui, durant l'hiver de 1752-53, ne quitta pas ses « deux seuls amis de choix », Diderot et Grimm, passionnément mêlés avec lui à la Querelle des Bouffons. Nous aurions pourtant souhaité d'appuyer cette affirmation, bien qu'elle s'impose, de quelque preuve complémentaire ; nous n'avons rien trouvé qu'une phrase, dans le troisième pamphlet de Diderot, qui semble une allusion à celui-ci ; tout à l'heure nous l'allons citer.

5. Au Petit prophète de Boesmischbroda (*sic*), au Grand prophète Monet, etc. S. n. d. l. ni d'imp.; daté, *in fine*, de Paris, 21 février 1753; in-8°, 14 p.

Rousseau a mis au-dessous du titre : *par M. Diderot*. En effet, ce pamphlet se trouve dans les papiers de Diderot, à la bibliothèque de l'Ermitage. Comme le précédent, il est écrit dans des vues apparentes de conciliation, et nous y relevons, page 11, cette phrase qui semble un rappel de la deuxième partie du titre de l'*Arrêt rendu à l'amphithéâtre de l'Opéra sur la plainte du milieu du parterre, intervenant dans la querelle des deux coins :* « Si, DU MILIEU DU PARTERRE où j'élève ma voix, j'étois assez heureux pour être écouté des deux coins... » Il semble bien qu'il y ait ici une allusion de l'auteur à la brochure où il avait commencé à prendre le rôle, quelque peu affecté, d'un modérateur impartial.

Sans insister sur ce rapprochement, nous le livrons comme un témoignage de notre bon vouloir à M. Assézat, le nouvel et digne éditeur de Diderot. Peut-être, au surplus, se contentant à bon droit de l'affirmation de Rousseau, M. Assézat ne verra-t-il dans l'attribution de l'*Arrêt* au baron d'Holbach qu'une des formes de l'indifférence du grand philosophe encyclopédiste pour ce qui sortait de sa plume, qu'un exemple de plus de sa singulière libéralité intellectuelle. Après avoir pris la part que l'on sait à tant de livres de ses amis, Diderot pouvait bien être encore d'humeur à leur laisser attribuer ses ouvrages, sans aucunement protester.

6° Lettre de M. Grimm sur *Omphale*, tragédie lyrique, reprise par l'Académie royale de musique le 14 janvier 1752. S. n. d. l. ni d'imp., 1752, in-8°, en tout 54 p.

Sans notes de la main de Rousseau, qui, on le voit, ne s'attacha pas à faire relier les pièces de son recueil dans l'ordre chronologique.

Telle est cette réunion de pièces où les noms de deux des coryphées du xviii° siècle se rencontrent si souvent, écrits de la main de l'un d'eux ; ils suffiraient pour la recommander, mais les notes, au nombre de plus de vingt, qui l'illustrent, si elles n'ajoutent rien à ce que l'on savait de la Querelle des Bouffons, ont au moins pour certains détails une haute valeur confirmative. En considérant cet ensemble, on se sent touché de surprendre Rousseau, le misanthrope qui devait abréger ses jours, rassemblant, comme un autre, des souvenirs d'amitié et de confraternité littéraire pour consoler, et qui sait ? réjouir, peut-être, ces tristes années de la longue vie où c'est à peine s'il reste à l'homme assez de forces pour s'attacher au présent.

Nous ne croyons pas qu'aucun des quatre volumes de la bibliothèque de Rousseau aujourd'hui connus en France soit revenu d'Angleterre (?) Sans doute les uns et les autres auront été prêtés ou donnés par lui, comme nous l'avons vu pour l'exemplaire du *Dictionnaire de musique*, dont il fit cadeau à M. de Girardin. Notre recueil porte, au coin supérieur et intérieur de la garde, cette signature : *Verdelin ;* c'est celle de cette marquise de Verdelin, née d'Ars, qui demeura fidèle au philosophe tant qu'il le lui permit, et à qui il écrivait, en mars 1763 : « Il est bien constaté qu'il ne me reste que vous seule en France. » Mme de Verdelin vit Rousseau, pour la dernière fois, à Motiers, en 1765, l'année même où il proposait à Marc-Michel Rey de lui vendre sa bibliothèque : peut-être alors fit-il don à cette « amie unique » de ce recueil de souvenirs d'amitiés perdues.

Mme de Verdelin mourut chez le comte Alexis Leveneur, son gendre, en octobre 1810. Le livre proviendrait donc de cette bibliothèque du château de Carrouges (Orne), si indifféremment partagée, il y a déjà de nombreuses années (10), et où se trouvaient encore, pour nous en tenir à Rousseau, soixante lettres de lui à Mme de Verdelin, publiées par M. E. Bergounioux dans *l'Artiste* de 1840.

A.-P. MALASSIS.

NOTES

(1) Lettre en date du 18 mars 1765, dans les *Lettres inédites de Jean-Jacques Rousseau à Marc-Michel Rey*, publiées par *M. J. Bosscha*; Amsterdam et Paris. 1858, in-8º.

(2) *Lettres à M. D... B... (De Bure) sur la réfutation du livre de l'Esprit, d'Helvétius, par J.-J. Rousseau, avec quelques lettres de ces deux auteurs*: Londres et Paris, 1779, in-12. Nous empruntons tous les détails qui précèdent à cet opuscule, réimprimé dans l'édition des *Œuvres mêlées* de Dutens: Genève, 1784. in-8.

(3) Cet exemplaire de l'*Imitation de Jésus-Christ*, de l'édition latine de Paris, Lemercier, 1751, in-8º.

s'est vendu 305 fr. (n° 18) dans la vente après décès de M. Tenant de Latour, faite en mai 1863 ; il appartient aujourd'hui au duc d'Aumale. L'article de la *Revue de Paris*, reproduit dans les *Mémoires d'un bibliophile*, tend à démontrer que la pervenche séchée entre les feuillets du livre est celle que Rousseau rencontra, en 1764, dans une promenade avec son ami Du Peyrou (liv. VI des *Confessions*).

La pervenche passe pour *la fleur* de Rousseau ; nous avons lu cela, maintes fois, en simple prose, et une fois en vers, dans nous ne savons plus quel poëte :

Je cultive aux bords d'un ruisseau
La fleur de Nodier, l'ancholie,
Si chère à la mélancolie,
Et la pervenche de Rousseau.

Mais, au contraire, Rousseau, racontant sa promenade avec Du Peyrou, dit qu'il s'exclama en voyant de la pervenche, parce qu'elle lui rappela un souvenir des Charmettes, et qu'il n'en avait pas vu ou qu'il n'y avait « pas fait attention » depuis trente ans. Nous voilà loin d'une fleur de prédilection, même aussi loin que possible.

Cependant la pervenche restera la fleur de Rousseau ; la légende est courante, et comme nous disait un botaniste ingénu : « Quelle gloire pour cette charmante apocynée ! »

(1) *Les Livres à autographes*, par M. Auguste Decaïeu ; articles spirituels et substantiels publiés dans *le Bibliophile français*, t. VII ; réunis en brochure sous le titre : *A travers les livres à autographes*. Amiens, imp. H. Yvert, 1873, in-8.

(5) Livre signalé par A. Jal, article J.-J. Rousseau, dans son *Dictionnaire critique de biographie et d'histoire*; Paris, gr. in-8°. 1867.

(6) Soit dit en passant, il existe deux sortes d'exemplaires de cette édition originale de la *Lettre sur la musique françoise*: les uns avec un avertissement d'un alinéa; les autres, et les plus rares, avec un avertissement en trois alinéas. Rousseau supprima pendant le tirage les deux derniers, où il renonçait pour jamais aux vers et à la musique: ils n'ont pas été reproduits, que nous sachions.

(7) *La Musique et les philosophes au dix-huitième siècle*, par Adolphe Jullien: Paris, J. Baur. 1873, in-8°.

(8) L'*Arrêt rendu à l'amphithéâtre* figure dans la première édition, de 1806, du *Dictionnaire des anonymes et des pseudonymes*, avec l'attribution à d'Holbach; les éditions de 1822 et de 1872 n'ont fait en cela que la répéter. Mais rien ne reste des éléments du premier travail de Barbier.

(9) Il n'y a pas eu de vente après décès du cabinet de Dutens. De son vivant, il avait fait une épuration de bibliothèque de 368 numéros, dont aucun ne semble provenir de Rousseau : *A Catalogue of an elegant and choice selection of books from the library of the Rev. L. Dutens*, 10 et 11 décembre 1802.

(10) C'est dans cette bibliothèque que se sont retrouvés les Mémoires du président Hénault, publiés en 1855 par le baron de Vigan. Il nous semble bien que la galerie du château, que nous avons visité il y a déjà de longues années, garde un portrait de Mme de Verdelin.

www.ingramcontent.com/pod-product-compliance
Lightning Source LLC
Chambersburg PA
CBHW070540050426
42451CB00013B/3109